EL DOMIN SANGRIENTO EN BOGSIDE

Un episodio negro en la historia
de Irlanda del Norte

Por Pierre Brassart
Traducido por Marina Martín Serra

Historia en50MINUTOS.es

en50MINUTOS.es

¡CONVIÉRTASE EN UN GENIO DE LA HISTORIA!

La batalla de Accio

La batalla de Maratón

La guerra de Palestina de 1948

La Operación Tormenta del Desierto

www.en50minutos.es

EL DOMINGO SANGRIENTO EN BOGSIDE

DATOS CLAVE

- **¿Cuándo?** El 30 de enero de 1972.
- **¿Dónde?** En Londonderry (Irlanda del Norte).
- **¿Contexto?** En un momento en el que el conflicto norirlandés causa estragos, una asociación pacífica organiza una manifestación no violenta, y se envía al ejército británico para detener a los cabecillas. La situación se descontrola cuando los soldados abren fuego sobre civiles.
- **¿Repercusiones?** 14 civiles católicos norirlandeses fallecen a causa de esta operación. Tras la masacre, los católicos de Irlanda del Norte se apartan del camino de la no violencia y se adentran en la lucha armada.

INTRODUCCIÓN

Sunday Bloody Sunday. Con estas tres palabras, el grupo de rock irlandés U2 deja una huella permanente en la historia sobre los sombríos acontecimientos transcurridos el 30 de enero de 1972 en la ciudad de Londonderry, en Irlanda del Norte. Durante una manifestación que pretende ser pacifista, en la que se concentran varios miles de personas, al menos 13 civiles desarmados —la mitad de los cuales no alcanza los 20 años de edad— son abatidos por los paracaidistas ingleses que llegan al lugar para contener la manifestación y frenar los eventuales excesos. Cuatro meses después, el balance se vuelve todavía más trágico, ya que fallece una nueva víctima. El mundo se indigna ante este drama y, poco después de los hechos, la embajada británica de Dublín es incendiada.

Esta matanza inaugura el año más mortífero del conflicto norirlandés, sumando cerca de 500 víctimas, y constituye uno de los puntos álgidos del enfrentamiento entre protestantes y católicos iniciado a finales de los años sesenta y que no acabará hasta 1998. No obstante, ¿cómo se llega hasta este punto? ¿Qué puede conducir a un ejército a luchar abiertamente contra los ciudadanos de su propio país?

CONTEXTO

IRLANDA E INGLATERRA: UNA LARGA HISTORIA DE ODIO

El destino de Irlanda y de Gran Bretaña está vinculado desde el siglo XII. En concreto, desde el momento en que, en 1155, el papa de origen inglés Adriano IV (1100-1159) concede el derecho de gobernar Irlanda al soberano inglés de la época, Enrique II (1133-1189), y a sus sucesores.

El territorio de Irlanda está dividido entre distintos reinos sumidos en peleas constantes, que obligan al rey de Inglaterra a intervenir para restablecer la calma. Lo consigue sometiendo a los señores irlandeses que, a partir de entonces, se reconocen como sus vasallos. Actúan así porque esperan beneficiarse de la protección del rey contra los barones ingleses que intentan colonizar Irlanda. Sin embargo, en vez de eso, la isla rápidamente se encuentra dividida entre una Irlanda colonizada y dominada por grandes señores ingleses y una Irlanda que, aunque está sometida a la Corona de Inglaterra, sigue estando gobernada por reyes irlandeses. Con el paso de los años, varios señores irlandeses intentan oponerse a los colonos ingleses mediante las armas, pero son neutralizados rápidamente.

Con el objetivo de aumentar los ingresos reales, el dominio real se extiende en 1541, hasta el punto de englobar el conjunto de la isla. Así, Irlanda se convierte en un reino cuyo título le corresponde al soberano inglés Enrique VIII (1491-1547). Esta modificación del paisaje sociopolítico habría podido ser útil para los señores irlandeses. En efecto, el rey, que ahora posee las tierras irlandesas, las puede volver a confiar a sus antiguos propietarios en forma de posesiones, es decir, de concesiones. El poder de los señores irlandeses, además de volverse hereditario, se ve así asegurado por la Corona, en vez de ser sometido a las luchas de poder entre los jefes de los clanes. No obstante, la ruptura entre Roma y Londres que se produce bajo el reinado de Enrique VIII acentúa más la división entre irlandeses e ingleses. El rey de Inglaterra, tras recibir la negativa del papa ante la petición de anulación de su matrimonio con Catalina de Aragón (1485-1536), proclama en 1534 el Acta de Supremacía (Act of Supremacy) que lo convierte en el líder único y supremo de la Iglesia de Inglaterra. Entonces, Enrique VIII es excomulgado, hecho que comportará el nacimiento del anglicanismo.

LAS DIVISIONES RELIGIOSAS

Irlanda, isla profundamente católica, no acepta la decisión del rey de Inglaterra, hasta el punto de que algunas grandes familias irlandesas planean dejar de prestarle lealtad al monarca inglés, en favor del rey católico de Escocia Jacobo V (1512-1542). Pero todas las aspiraciones de revuelta son aplastadas inmediatamente y las familias disidentes, borradas del mapa. Además, se despliega en la isla una fuerza militar permanente inglesa, mientras se lleva a cabo una nueva ola de colonización, animada por la nueva política de control territorial. Al poco tiempo, surgen tensiones entre los nuevos colonos (New English o nuevos ingleses), protestantes, y los descendientes de los primeros ingleses que habían llegado a la isla (Old English o antiguos ingleses), leales a la Corona, y también al catolicismo. Las cosas no se arreglan cuando, en 1560, Isabel I (1533-1603) —que había ascendido al trono dos años antes— proclama la aplicación a Irlanda de la reforma anglicana, que hasta entonces solamente implicaba a Inglaterra. A ojos de los notables ingleses, el estilo de vida «salvaje» de los irlandeses debe acabarse, estos deben adaptarse a sus costumbres y, además, la cultura gaélica debe desaparecer. Esto hace que Irlanda se subleve de nuevo. Asimismo, Isabel decide establecer una política de plantaciones (colonización) idéntica, incluso en el vocabulario utilizado, a la aplicada en el Nuevo Mundo. La población local hostil es deportada y, en sus tierras, se establecen los colonos ingleses protestantes para explotarlas.

En 1595, estalla una nueva rebelión y un ejército católico logra conquistar la mayor parte de la isla. Sin embargo, al lograr tomar las grandes ciudades, este se ve obligado a rendirse ante los ingleses en 1603. Perdonados por los vencedores —que, aun así, les acosan—, los últimos grandes señores gaélicos, líderes de esta revuelta, huyen hacia el continente, acompañados de sus familias. Durante la revuelta, los antiguos ingleses, católicos, permanecen leales a la Corona. Tras la partida de los señores irlandeses, esta última puede tomar posesión de sus tierras en el Úlster, la parte norte de la isla. Entonces, las tierras se dividen, y algunas grandes familias o grandes grupos comerciales ingleses se apoderan de ellas e instalan a colonos protestantes. La ciudad de Derry, por ejemplo, es cedida a una empresa de Londres que se permite cambiarle el nombre a Londonderry. Irlanda, en efecto, ha caído en manos de los protestantes, y la población católica es despojada de sus propiedades. Hasta entonces, el sistema de colonización establecido por la Corona de Inglaterra no había tenido demasiado éxito por varias razones, como la oposición irlandesa y un número insuficiente de migrantes ingleses. Pero, con la marcha de los señores irlandeses y la confiscación de sus tierras en el territorio que más tarde se convertirá en Irlanda del Norte, el Úlster se transforma en una verdadera colonia británica.

La situación se mantiene en calma durante las siguientes décadas, hasta 1641. A partir de ese año, Inglaterra tiene problemas internos que conducen a una verdadera guerra civil (también llamada la Primera Revolución inglesa). Los irlandeses aprovechan la oportunidad para sublevarse y cuentan con el apoyo de los antiguos ingleses. Durante varios años, los ejércitos irlandeses luchan contra las tropas británicas en los enclaves ingleses en Irlanda. Hay que esperar hasta 1649 y el desembarco de Cromwell (lord protector de Inglaterra, de Escocia y de Irlanda, 1599-1658) y de su ejército para que Inglaterra recupere el control de su isla rebelde. Los ingleses, para vengar las matanzas de 1641, cometen otras sin contenerse y causan miles de víctimas. Algunos autores consideran que estas muertes se encuentran en el origen de la oposición entre protestantes y católicos en Irlanda, que perdurará a lo largo de todo el siglo XX.

El resto de la historia irlandesa no es más que una sucesión de infortunios, a los que los irlandeses intentan enfrentarse sublevándose, sin tener éxito. A finales del siglo XVIII, algunos se alían con la Francia revolucionaria, que ve la oportunidad de atacar a su enemigo de toda la vida, Inglaterra.

Algunas tropas francesas consiguen llegar a Irlanda y luchan durante poco tiempo con las milicias irlandesas contra las fuerzas inglesas, pero pronto se ven obligadas a capitular. Tras la insurrección, el Ejército británico ejerce su represión, ejecutando a miles de irlandeses. Con el objetivo de detener cualquier nueva tentativa de Irlanda para obtener la independencia, Inglaterra decide integrar Irlanda en Gran Bretaña, ya compuesta por Inglaterra, Escocia y el País de Gales. Así, el 1 de enero de 1801 aparece el Reino Unido de Gran Bretaña e Irlanda, una unión que debía ir acompañada de una emancipación política y jurídica para los católicos de la isla. Sin embargo, eso no fue así.

IRLANDA, HACIA LA INDEPENDENCIA

Irlanda tiene que esperar hasta el primer cuarto del siglo XX para acceder finalmente a la independencia. En 1912, de una población total de 4,4 millones de habitantes, Irlanda cuenta con 1,2 millones de protestantes. De estos, cerca de tres cuartas partes viven en Úlster, región del norte en la que habitan cerca de 700 000 católicos.

La capital de Irlanda del norte, Belfast, es un gran centro comercial e industrial, un verdadero eje para el comercio irlandés, ya que más del 90 % de las exportaciones del país pasan por allí. La burguesía protestante no concibe el final de la unión con Gran Bretaña, en vista del vínculo económico que las une y que considera fundamental. No obstante, en el plano político, el resultado de las elecciones de 1912 deja en minoría a los unionistas y permite que tome el poder un partido favorable al gobierno doméstico o

Home Rule, un proyecto nacido en las últimas décadas del siglo XIX que contempla una autonomía limitada de Irlanda en algunos ámbitos. Los unionistas protestantes ven en esta idea una independencia disimulada y se oponen a ella con firmeza, incluso frente a la Corona de Inglaterra, que también es favorable al proyecto. Hasta el punto de que, durante una visita a Belfast para apoyar el proyecto de ley, Winston Churchill (primer lord del almirantazgo y futuro primer ministro, 1874-1965) tiene que ser protegido por varios batallones del Ejército por miedo a acciones llevadas a cabo por unionistas en su contra. Estos últimos anuncian, incluso antes del resultado de la votación de la ley, que no reconocerán a ningún Gobierno irlandés que provenga del Home Rule.

El 11 de octubre se aprueba el proyecto de ley y, dos meses después, la Cámara de los Lores de Londres retrasa dos años su entrada en vigor. Los unionistas aprovechan este periodo de tiempo para modificar su contenido. La solución que han encontrado es simple: la exclusión del Úlster de la futura Irlanda autónoma y su permanencia dentro del Reino Unido. Por primera vez, se habla de una Irlanda del Norte que quedaría separada del resto de la isla. Para presionar a sus adversarios políticos, los unionistas organizan una milicia paramilitar, el Ulster Volunteer Force (UVF, Fuerza Voluntaria del Úlster) que agrupa a cerca de 100 000 hombres entrenados en la lucha armada. Asimismo, se constituye un Gobierno provisional, listo para tomar las riendas de la provincia en caso de aplicación del Home Rule. Los nacionalistas irlandeses, conscientes de lo que preparan los unionistas, también se agrupan y se arman. Así, nace un cuerpo de voluntarios irlandeses, los Irish Volunteers (Voluntarios Irlandeses). Al lado de este pequeño ejército, los obreros irlandeses también se agrupan en un Irish Citizen Army (Ejército de Ciudadanos Irlandeses).

El Irish Citizen Army delante del Liberty Hall en Dublín.

El Gobierno central está alarmado por la situación y teme que vaya a empeorar, sobre todo porque las unidades del Ejército británico estacionadas en Irlanda, a favor de los unionistas, se niegan a utilizar la fuerza para desarmarlos. Así, cuando un cargamento de armas destinado a los unionistas y procedente de Alemania desembarca cerca de Belfast, el Ejército no interviene mientras que, unos meses más tarde, cuando los nacionalistas hacen lo mismo cerca de Dublín, las unidades inglesas entran en acción y matan a varias personas.

Cuando la situación está a punto de degenerar, el Reino Unido se ve involucrado en la Primera Guerra Mundial. El Gobierno británico, que no puede permitirse que estalle una guerra civil en su territorio, debe encontrar un acuerdo con los irlandeses. Los nacionalistas y los unionistas irlandeses aceptan la propuesta de acuerdo: se adopta el Home Rule, pero su aplicación es relegada al final de la guerra, después de una posible enmienda en relación con el Úlster. Para señalar su conformidad y para estar seguras de no ser perjudicadas cuando acabe el conflicto, ambas partes hacen que sus tropas participen en la guerra. En total, más de 200 000 irlandeses luchan para el Reino Unido durante la Primera Guerra Mundial (1914-1918).

Sin embargo, no todos los irlandeses ven con buenos ojos el acuerdo entre los unionistas, los nacionalistas y el Gobierno. Algunos de entre los nacionalistas más fervientes ven en esta guerra —que, en 1915, no parece que vaya a terminarse pronto— una oportunidad para conseguir por la fuerza la independencia de Irlanda. Se infiltran en los Irish Volunteers, una parte de los cuales se encuentra en el continente luchando, toman el control y piden el apoyo de Alemania, que exhorta la insurrección. El levantamiento está previsto para el Domingo de Pascua de 1916, que cae en 23 de abril. Dos días antes de la fecha prevista, el buque de carga alemán que lleva armas y municiones es capturado por la Royal Navy. Después de esto, algunos líderes de la insurrección dan la orden de cancelar la operación. Sin embargo, el domingo 23, el consejo militar que agrupa a los Irish Volunteers y al Irish Citizen Army decide proceder de todas formas con el levantamiento al día siguiente. La confusión reina el lunes 24 de abril de 1916, y poco más de mil hombres armados se levantan, pero juntos atacan Dublín y toman varios puntos estratégicos. Sin embargo, no sacan todo el partido a la situación, lo que permite que las tropas británicas estacionadas en la ciudad se recuperen. La población no apoya este levantamiento, ya que lo interpreta como un complot fomentado por el káiser alemán. Debido a la contraorden dada unos días antes del levantamiento, la movilización es más baja de lo esperado y, en menos de una semana, el intento de golpe de Estado fracasa; el Ejército inglés controla a los insurgentes y estos últimos capitulan. El ataque, sin embargo, resulta mortífero ya que fallecen varios cientos de personas, incluyendo cerca de 200 civiles.

Barricada levantada por sublevados durante la insurrección de Pascua, en 1916.

La respuesta inglesa no tarda en llegar. Las autoridades consideran que la insurrección de Pascua es un acto de traición. Los responsables irlandeses son juzgados y condenados a muerte por un consejo de guerra, y su ejecución se lleva a cabo entre el 3 y el 12 de mayo. Esta terrible represión no hace más que transformar a estos rebeldes en mártires de la causa irlandesa en torno a los que se une la población. Además de matar a los líderes militares del levantamiento, se encarcela a varios líderes del Sinn Féin, un partido nacionalista irlandés fundado a principios del siglo, que no participa en los sucesos de abril de 1916. Mientras que, hasta ese momento, el partido no era más que un pequeño partido sin mayor importancia, a partir de entonces se convierte en el heraldo de la lucha contra el opresor británico. Habrá que esperar hasta 1918 y a su firme oposición a la conscripción para que se convierta en la primera fuerza política en Irlanda. Durante las primeras elecciones de la posguerra, en diciembre de 1918, el partido obtiene una abrumadora mayoría de escaños, ya que la extensión del derecho al voto permite que más de 1,9 millones de irlandeses acudan a las urnas, mientras que solo eran 700 000 en 1910.

Esta victoria del Sinn Féin deja clara la voluntad de una gran mayoría de irlandeses de luchar por una Irlanda republicana e independiente. El 21 de enero de 1919, se instaura un Gobierno provisional en Dublín. Ese día, varios policías son abatidos por independentistas irlandeses con la voluntad de iniciar una guerra abierta con Inglaterra. Este acontecimiento marca el inicio de la guerra de Independencia irlandesa. Esta lucha, que durará hasta 1921, pone en escena por un lado al Irish Republican Army (IRA, Ejército Republicano

Irlandés), heredero de los Irish Volunteers, que reúne entre 15 000 y 112 000 hombres, y, por otro, a las fuerzas inglesas que están compuestas por militares, policías de origen irlandés (la Royal Irish Constabulary o RIC, Policía Real Irlandesa) y, a partir de 1920, por unidades especiales, conformadas por veteranos de la Gran Guerra y delincuentes con métodos expeditivos. Además, los ingleses cuentan con el Ulster Volunteer Force, una milicia norirlandesa. El conflicto anglo-irlandés adopta principalmente la forma de una guerrilla conducida por el IRA contra las fuerzas del orden que representan la Corona. En poco menos de dos años, más de 500 miembros del IRA son asesinados, mientras que las víctimas mortales entre los policías ascienden a cerca de 400 y a más de 150 entre los militares. Asimismo, se producen varios cientos de víctimas mortales civiles. Durante esta guerra, se producen dos Domingos Sangrientos. El primero, en Dublín, el 21 de noviembre de 1920. Ese día, el IRA asesina a cerca de quince agentes británicos e irlandeses que trabajan para ellos. Como represalia, algunas tropas británicas abren fuego sobre civiles durante un partido de fútbol, causando 14 muertos —entre ellos, niños de entre 10 y 11 años— y alrededor de 60 heridos. Belfast es la segunda ciudad en la que se produce un Domingo Sangriento, el 10 de julio de 1921. En respuesta al ataque contra un vehículo blindado de la policía irlandesa por parte del IRA, posibilitado por el apoyo de la población civil, algunas milicias lealistas atacan varios barrios de mayoría católica, destruyendo más de 160 casas (150 de las cuales pertenecían a católicos). En este episodio, pierden la vida 16 civiles (11 católicos y 5 protestantes).

EL NORTE DEJA AL SUR

En Gran Bretaña, se hace evidente la constatación de que Irlanda ya no puede ser controlada como antes. Así pues, hay que encontrar una solución. En 1920, el Parlamento de Londres aprueba una ley que consagra la separación en lo que, a partir de entonces, se denomina de forma oficial Irlanda del Norte e Irlanda del Sur. Está previsto que estas dos entidades permanezcan en el seno del Imperio británico, del mismo modo que Canadá o Australia, y cada una dispone de un Parlamento propio. Desde que se celebran las primeras elecciones, en mayo de 1921, la mayoría de la población de Irlanda del Sur se pronuncia a favor del Sinn Féin que, nada más ser elegido, se reúne en una Asamblea irlandesa, rechazando reunirse en el Parlamento de Irlanda del Sur. Los habitantes de Irlanda del Norte, por su parte, se conforman con su nueva asamblea. Para que se puedan llevar a cabo negociaciones, se declara una tregua el 11 de julio de 1921, un día después del Domingo Sangriento de Belfast. En diciembre, el primer ministro inglés consigue —bajo amenaza— que algunos representantes irlandeses firmen un tratado que instaura el mantenimiento de Irlanda del Sur bajo el estatus de dominio con el nombre de Estado Libre de Irlanda. Por su parte, Irlanda del Norte puede elegir quedarse en el Reino Unido o entrar a formar parte del nuevo Estado irlandés. La solución que sale elegida, evidentemente, es la primera. La firma de este tratado causa una gran división entre la población de Irlanda del Sur y la conduce hacia una guerra civil que tiene lugar entre junio de 1922 y mayo de 1923.

Desarrollo: los términos utilizados para designar a las distintas partes

Para describir a ambos bandos, se usan muchos términos diferentes. Vamos a tratar de aclarar la situación para no confundirlos.

En el bando irlandés, hay una abrumadora mayoría de católicos. Estos irlandeses católicos pueden ser nacionalistas (partidarios de una cultura irlandesa que se opone a una cultura británica y, más en particular, inglesa) y/o republicanos, es decir, estar a favor de la instauración de una república en Irlanda del Norte o a la integración de esta al sur de Irlanda.

En el otro bando, la población es mayoritariamente protestante, descendiente de los colonos ingleses, y puede ser lealista (leal a la Corona británica y al Gobierno de Londres) y/o unionista (a favor de la permanencia de Irlanda en el Reino Unido).

La cuestión de Irlanda del Norte experimenta un período de calma durante varias décadas. Después del tratado de 1920 y de la separación entre norte y sur, los unionistas obtienen el poder, y los protestantes se convierten en los únicos dueños de Irlanda del Norte, gracias a una política represiva que se apoya en una policía —la Royal Ulster Constabulary (RUC, Real Policía del Úlster)— y en unidades especiales —que los ingleses ya habían utilizado anteriormente—. A partir de entonces, aparece una segregación entre la población protestante y católica. Se hace todo lo posible para que estos últimos queden excluidos del poder, especialmente mediante una delimitación de distritos electorales favorable a los unionistas. Con los años, se crean varios movimientos con el fin de luchar contra esta situación. En 1966 se funda la NICRA (Northern Ireland Civil Rights Association, Asociación de Derechos Civiles de Irlanda del Norte), inspirada en la lucha no violenta que los negros estadounidenses llevan a cabo en ese mismo momento. Este movimiento, que reúne tanto a católicos como a protestantes moderados, tiene como objetivo regularizar la situación y detener la discriminación —tanto social como política— hacia los católicos. El 5 de octubre de 1968, la policía de Londonderry carga en la ciudad para dispersar una manifestación de la NICRA. Las imágenes de esta violenta represión dan la vuelta al mundo y marcan el comienzo de un intenso período de violencia que vivirá muchos episodios.

LA MASACRE DE BOGSIDE

DERRY/LONDONDERRY: EL OJO DEL HURACÁN DE LA VIOLENCIA

Londonderry es el corazón histórico del movimiento católico irlandés. La ciudad alberga una mayoría de católicos, que no aceptan el prefijo londinense añadido al nombre de su ciudad a principios del siglo XVII. Con todo, a pesar de esta clara mayoría, la ciudad está en manos de los protestantes, tras una hábil delimitación de los distritos electorales. A esta injusticia electoral se le añade una injusticia social, y es que los barrios principalmente católicos sufren más que los otros las consecuencias del desempleo. Es el caso, entre otros, del barrio de Bogside, en el que cerca del 17 % de la población no tiene trabajo. Estos distintos elementos ofrecen un terreno abonado formidable para los miembros del movimiento de los derechos civiles.

El barrio de Bogside en 1981.

La represión policial del 5 de octubre de 1968 no frena a la NICRA, ni tampoco a otras asociaciones — sobre todo de estudiantes— que también reclaman la igualdad entre católicos y protestantes. Así pues, se organizan nuevas manifestaciones y acciones pacíficas, pero a cada ocasión son reprimidas de forma violenta, ya sea por la policía (mayoritariamente protestante) o por milicias unionistas paramilitares que gozan de una cierta complicidad por parte de la policía. La actitud que muestran las fuerzas del orden conduce a la radicalización de una parte de los que, hasta ese momento, deseaban luchar de forma pacífica.

El 5 de enero de 1969, la RUC invade el barrio de Bogside tras el ataque de una manifestación lealista. Los católicos de este barrio de Londonderry se resisten a la incursión policial y levantan barricadas. En una pared, se puede leer la pintada

«You are now entering Free Derry» («Estás entrando en el Derry libre»). Los activistas protestantes se organizan para continuar llevando a cabo su combate. Se constituye un comité de acción de los ciudadanos del Derry libre, y se instauran patrullas para, por un lado, evitar que las fuerzas del orden intervengan y, por el otro, garantizar la seguridad en ausencia de estas últimas. El 7 de enero, las barricadas se extienden hasta el punto de englobar el barrio de Creggan, también dominado por católicos. Tras algunos días, los dirigentes de esta pequeña insurrección se dan cuenta de que la situación no es viable y piden que se desmonten las barricadas. Esto se hará durante la mañana del 11 de enero y, entonces, la vida en Londonderry vuelve a la normalidad.

El primer ministro de Irlanda del Norte, Terence O'Neill (1914-1990), trata de calmar la situación intentando que se aprueben distintas reformas, pero estas no agradan a algunos de sus ministros, que dimiten. O'Neill se ve obligado a celebrar elecciones anticipadas en febrero de 1969. Su partido, que reúne a los unionistas moderados, gana por corta mayoría al de los ultra unionistas. Algunas agitaciones violentas —en especial en Belfast y Londonderry— conducen al primer ministro a hacer que se acepte el sufragio universal para las elecciones locales. Abrumado por la violencia en las calles y afectado por una disyuntiva política, O'Neill dimite a finales de abril de 1969. El 1 de mayo se nombra un nuevo primer ministro: James Chichester-Clark (1923-2002).

Tres meses después de este nombramiento, se organiza un desfile también en Londonderry, en concreto el 12 de agosto. Los organizadores son los Apprentice Boys of Derry, miembros de la Orden de Orange, una organización protestante norirlandesa llamada de esta forma en recuerdo del rey de Inglaterra Guillermo III, príncipe de Orange (1650-1702), que se opuso durante todo su reinado a cualquier forma de emancipación católica. Los católicos de Bogside van al encuentro de los protestantes: empieza la batalla de Bogside. Más de la mitad de las fuerzas de policía de la provincia se concentra en Londonderry para restablecer el orden, mientras que los nacionalistas irlandeses vuelven a construir barricadas en su barrio. En un primer momento, la RUC se ve superada, pero aun así consigue destruir las barricadas y entrar en los barrios católicos, seguida por varios cientos de manifestantes protestantes que atacan a la población y saquean los barrios. Los altercados se propagan por otras ciudades de Irlanda del Norte.

EL EJÉRCITO ENTRA EN ACCIÓN

La policía real del Úlster, odiada por los católicos a causa de su parcialidad a favor de los protestantes y de su uso de la violencia, se ve completamente superada. En pocos días, cerca de una decena de personas mueren y otros cientos resultan heridas (entre ellas, una parte importante de policías). Tras varios días de violencia, la RUC solicita la intervención del Ejército, que llega al lugar el 14 de agosto en el marco de una operación que se había previsto que fuera limitada. Se envía un batallón a Londonderry y otro a Belfast. En pocas semanas, se produce el despliegue en la provincia de cerca de 6000 soldados, que participan en el mantenimiento del orden al lado de las unidades de policía, en una operación que no acaba hasta 2007 y a la que los británicos llaman Operación Banner.

El Ejército Republicano Irlandés (IRA) se muestra particularmente ausente durante los acontecimientos del verano de 1969 pero, en diciembre de ese mismo año, durante una importante convención, se produce una ruptura dentro del propio IRA. Los partidarios de una lucha armada se separan de los demás para formar el IRA Provisional, mientras que aquellos que desean encontrar una solución política se agrupan en el IRA Oficial que, evidentemente, no excluye las acciones violentas.

La llegada del Ejército británico marca una nueva etapa en el conflicto norirlandés. Todo el mundo se muestra aliviado ante su intervención: los católicos lo consideran más imparcial que la policía de Irlanda del Norte, y los protestantes están convencidos de que logrará sofocar la rebelión católica. Su papel es el de restablecer el orden y la ley situándose entre los dos bandos. Las tropas tienen la autoridad para detener y entregar a la policía a cualquier persona que posea explosivos, armas o munición, pertenezca al bando que pertenezca. El uso de la fuerza debe ser mínimo. La presencia del Ejército, en primer lugar, debe ser disuasoria y ayudar a traer un clima de paz a la provincia.

A pesar de que la situación mejora, sus límites aparecen enseguida. El Ejército, aunque se ha profesionalizado desde hace ocho años, no deja de ser una fuerza militar que carece de entrenamiento en las misiones de mantenimiento del orden. Por otra parte, la situación política es particularmente compleja. El Ejército debe garantizar el orden y proteger a la minoría católica, a pesar de que estos son hostiles al Estado y a la Corona de Inglaterra que estos soldados han jurado defender. Desde el primer momento se enfrentan a una contradicción: además de proteger a los católicos, también deben garantizar la seguridad de los protestantes, en especial contra el Ejército Republicano Irlandés, que se considera ilegal. Sin embargo, cuando el Gobierno de Irlanda del Norte reconoce la legalidad de algunos grupos paramilitares protestantes, como la Ulster Defence Association (Asociación para la Defensa del Úlster), mientras que el Gobierno británico no la reconoce, el Ejército queda atrapado en una situación difícil.

Con la creación del Ejército Republicano Irlandés Provisional (PIRA), los Gobiernos de Londres y de Belfast sienten que vuelve a existir el riesgo de que la situación estalle y deciden poner en marcha reformas. Así, se crea el Ulster Defence Regiment (UDR, Regimiento de Defensa del Úlster) en abril de 1970, que sustituye a varias unidades de policía cuya reputación había quedado manchada de forma considerable con su comportamiento violento. Esta nueva unidad, que está pensada para representar a las dos comunidades, depende del Ejército y tiene una misión de control del territorio, pero en ningún caso de mantenimiento del orden. Cuando se crea, está previsto que el regimiento cuente con 6000 hombres, pero este número no deja de aumentar hasta alcanzar los 9000 en 1972. En paralelo al aumento de los efectivos, se observa una caída radical de la proporción de católicos en el seno del regimiento. En sus inicios, este cuenta con hasta un 18 % de católicos pero, poco a poco, la cifra empieza a bajar, y estos acaban representando solamente el 2 % en 1972. La cultura interna del regimiento que desfavorece la adhesión de los soldados católicos parece estar detrás de esto. Mientras que muchos antiguos miembros de las unidades especiales protestantes entran en el nuevo regimiento, el Gobierno británico encuentra que esta solución es preferible, ya que coloca a estos hombres en el seno de una estructura militar y, así, se vuelven más fáciles de controlar, al tiempo que se evita que entren en una milicia paramilitar.

Además de esta reorganización, el Ejército decide aplicar una estrategia más ofensiva. Basándose en su experiencia en ultramar, decide utilizar la táctica del internamiento o de la detención para acabar con los movimientos contestatarios. El 23 de julio de 1971, el Ejército y la policía llevan a cabo una primera oleada de arrestos de 110 sospechosos (miembros del PIRA o del IRA Oficial o simplemente individuos sospechosos de actividad terrorista). El 9 de agosto, se lleva a cabo la detención de 342 católicos, y más de 200 de estos se internan sin ningún tipo de proceso. A pesar de que esta nueva estrategia da sus frutos y permite detener a un gran número de miembros de los IRA, fracasa al no capturar a ninguno de sus líderes. Y, lo que es todavía peor: hace que la población irlandesa se levante en contra del Ejército, en unas manifestaciones que empiezan desde el momento en el que se inician las operaciones. En dos días —el 9 y el 10 de agosto de 1971— 17 personas resultan abatidas, mayoritariamente civiles católicos. Además, la política de internamiento, basada en violentas técnicas de interrogatorio, incita a un gran número de católicos moderados a entrar en el IRA.

En medio de este contexto plagado de tensiones intensas y de extrema violencia, el 30 de enero la Asociación de Derechos Civiles de Irlanda del Norte organiza una manifestación pacífica con el objetivo de mostrarle al poder vigente la oposición de la población a la política de internamiento que lleva a cabo el Gobierno. Esta concentración no es la primera que se produce para protestar contra el internamiento, ya que el 2 de enero se había producido una reunión en Belfast y, 20 días después, varios miles de personas habían marchado juntas cerca de un campo de internamiento, en el condado de Derry. Ese día, el Ejército había frenado a los manifestantes, sobre todo gracias a sus paracaidistas, que desplegaron barreras de alambradas. Cuando algunos intentaron superar los obstáculos, los soldados reaccionaron lanzando gas lacrimógeno y balas de goma de corto alcance. A pesar de la violencia utilizada, no se produjo ninguna muerte.

El 24 de enero, las autoridades militares en Irlanda del Norte reciben la información de que la NICRA quiere organizar una marcha pacífica en Londonderry el 30 de enero. El comandante de la 8.ª Brigada de Infantería del Ejército británico, destinada en Londonderry y encargada de la seguridad en este condado, recomienda al general al mando de las fuerzas terrestres en Irlanda que autorice la marcha y no haga intervenir al Ejército para identificar a los organizadores y arrestarlos. Pero este último ya había transmitido al jefe del 1.ᵉʳ Batallón de Paracaidistas (Para 1) la orden de llevar a cabo una operación para detener a los miembros del IRA que participen en esta marcha, una operación decidida por el Gobierno en Londres.

El plan de los organizadores era que la manifestación partiera del distrito de Bogside y que llegara hasta el ayuntamiento de la ciudad, situado en la zona protestante. Los líderes católicos de la NICRA, colocados delante de la multitud sobre el remolque de un camión, son responsables de guiarla hacia su destino, donde debe llevarse a cabo una reunión. Las autoridades no pueden permitir que un grupo de varios miles de manifestantes lleguen al centro de la ciudad. Por eso, para contener a la multitud, crean barreras formadas por alambradas y controladas por hombres de 8.ª Brigada y de la RUC, respaldados por vehículos blindados, que deben ayudarlos en la tarea de contención. Si la protesta es tranquila, no se deben tomar medidas. En cambio, si la multitud o algunos de los participantes en la manifestación intenta forzar los dispositivos o atacar a las fuerzas de seguridad, la tropa recibe la orden de replicar con balas de goma, cañones de agua y, como último recurso, gas lacrimógeno.

El 1.ᵉʳ Batallón de Paracaidistas y otras unidades del Ejército se mantienen en reserva.

Tres días antes de la manifestación, dos agentes de la RUC son abatidos en Derry en su vehículo de patrulla. El mismo día, un partido político protestante, el Partido Unionista Democrático, anuncia que va a celebrar una concentración en el mismo lugar y al mismo tiempo que la prevista por la NICRA. Esta última quiere evitar a cualquier precio un nuevo episodio de violencia similar al de la manifestación del 22 de enero. Algunos afirman que habría tenido el apoyo del IRA, que habría acordado retirarse de la zona en el momento de la marcha.

Los militares y las autoridades de Londres están muy alterados. Durante varias semanas, se producen decenas de tiroteos y explosiones de bombas caseras en Londonderry que, aunque a menudo no causan víctimas mortales, contribuyen a instaurar un clima de tensión. Solo durante las dos semanas previas a la manifestación de la Asociación de Derechos Civiles de Irlanda del Norte, tienen lugar 80 incidentes y se lanzan 84 bombas caseras hacia los militares o la policía, matando a dos de ellos y hiriendo a otros dos.

PRIMEROS DISPAROS

Durante la mañana del 30 de enero, el 1.ᵉʳ Batallón de Paracaidistas llega a Londonderry. Su comandante, el coronel Wilford, es un oficial experimentado. Dispone a sus compañías en distintos puntos del recorrido de la manifestación, listas para intervenir. La marcha se inicia alrededor de las 14:50 horas, y el número de participantes varía según las estimaciones: entre 5000 y 20 000 personas responden al llamamiento de la NICRA. Poco menos de una hora después, hacia las 15:45 horas, viendo que el trayecto inicialmente previsto está obstruido por las barreras del Ejército, los organizadores deciden evitar toda confrontación y cambiar de destinación para llegar al Free Derry Corner, donde celebrarán su reunión. No obstante, algunos grupos de manifestantes no los siguen y se dirigen hacia las barricadas del Ejército, lanzando piedras y otros proyectiles sobre las fuerzas del orden. Estas responden mayoritariamente con sus pistolas de balas de goma, aunque se utiliza un cañón de agua y algunos soldados recurren al gas lacrimógeno.

Alrededor de las 15:55 horas, se escuchan los primeros disparos de balas reales. Algunos hombres del 1.er Batallón de Paracaidistas posicionados en un edificio abandonado abren fuego disparando cinco veces. Un chico de 15 años y un hombre de 59 se desploman tras resultar heridos, y el mayor fallecerá a causa de sus heridas algunos meses más tarde. Los soldados se justificarán con el pretexto de que el joven iba a encender una bomba artesanal, algo que la comisión de investigación desmentirá. Tras estos primeros disparos, como represalia, un miembro del IRA Oficial también dispara con un fusil hacia donde se encuentran los hombres del 1.er Batallón de Paracaidistas. Según la comisión de investigación, aunque es cierto que el IRA abre fuego después de que los civiles resulten heridos, es muy probable que sus soldados estuvieran listos para disparar.

LA ENVERGADURA DE LA OPERACIÓN AUMENTA

A las 16:07, el mando del 1.er Batallón de Paracaidistas recibe la orden de preparar una operación de detención que, sin embargo, se retrasa hasta que el Estado Mayor inglés esté seguro de poder separar a los manifestantes pacíficos de los alborotadores violentos. El plan establece que una compañía atraviese una barricada determinada en un área donde solamente debía haber alborotadores, pero el coronel Wilford toma otra decisión y envía una segunda compañía a bordo de vehículos blindados a través de otra barrera. De esta manera, espera detener un mayor número de manifestantes violentos que habrían podido escaparse debido al retraso de la primera operación. Sin embargo, al actuar en este segundo sector, la separación entre manifestantes violentos y pacíficos es menos clara.

Dos vehículos blindados que transportan un pelotón de paracaidistas se adentran 200 metros en el barrio de Bogside. Las tropas que se encuentran en el interior bajan y empiezan a disparar balas de goma para detener a los sospechosos. Al ver llegar a los dos vehículos, la población trata de escapar. Dos personas resultan heridas, golpeadas por uno de estos vehículos, y otras seis son detenidas por los paracaidistas.

A la entrada de un callejón, el teniente a la cabeza del pelotón dispara tres tiros al aire para intimidar a la multitud, parte de la cual trata de oponerse a las detenciones. El teniente se justificará con el pretexto de que disparar era la única solución para evitar que la multitud lo atacara a él y a sus hombres. La comisión de investigación no admitirá esta versión.

Después de estos primeros disparos, otros hombres del pelotón, que se encuentran en un aparcamiento, abren fuego. Un joven de 17 años fallece y seis personas resultan heridas.

UN BALANCE MUY TRÁGICO

Parece que los paracaidistas británicos pierden su compostura. Con todo, se les había advertido de que podían producirse disparos de francotiradores del IRA. Pero la multiplicación de los disparos de los soldados ingleses no hace más que aumentar la presión hasta el punto de que los hombres olvidan sus órdenes e instrucciones y empiezan a disparar contra sus objetivos sin estar seguros de que realmente representen una amenaza.

Otros pelotones de paracaidistas se despliegan en la zona y, a su vez, abren fuego. Otro joven de 17 años es abatido en una barricada que los católicos habían construido antes de ese día. Mientras algunos civiles se llevan su cuerpo, cinco personas más, con edades comprendidas entre los 17 y los 20 años, resultan heridas de muerte en los alrededores de la barricada. Los soldados siguen avanzando, y cuatro de ellos entran en un complejo residencial, donde abren fuego. Se añaden dos víctimas mortales más a un balance que no deja de aumentar, y cuatro personas más también resultan heridas. Un poco más allá, otros cuatro hombres se desploman, heridos de muerte por las balas de los soldados británicos. Más lejos también se producen otros intercambios de disparos, pero no causan ninguna víctima.

En total, el 30 de enero mueren 13 personas, y una más perecerá a causa de sus heridas en junio de 1972. Se cuenta que por lo menos hay el mismo número de heridos, todos a causa de las balas (por disparo directo o indirecto), con la excepción de dos personas que fueron golpeadas por un vehículo blindado. Ese día, se dispararon más de 100 cartuchos.

Mural que muestra a los civiles irlandeses asesinados durante el Domingo Sangriento.

REPERCUSIONES

EL FIN DE LA LUCHA PACÍFICA

Tras esta sangrienta jornada que la prensa califica de Domingo Sangriento, estallan manifestaciones en muchas partes del mundo para protestar contra la violencia del Ejército británico.

Ante la violencia de los acontecimientos, el secretario de Estado británico del Interior anuncia que el ejército no ha hecho más que responder a los ataques de los manifestantes que estaban usando armas de fuego y bombas caseras. El 1 de febrero, el ministro de Defensa también encubre a sus hombres diciendo que únicamente respondieron para protegerse contra los miembros del IRA que los atacaban y que solamente dispararon a objetivos claramente identificados. El mismo día, el primer ministro británico anuncia que se abrirá una investigación para arrojar luz sobre los acontecimientos. Pero esto no es suficiente para calmar a la población de Irlanda del Norte ni a la de Irlanda del Sur. Al día siguiente, la embajada del Reino Unido en Dublín es incendiada y, entonces, el Gobierno irlandés decide cerrar su embajada en Londres.

El 22 de febrero, el IRA Oficial coloca una bomba en el cuartel del 1.er Batallón de Paracaidistas, y la explosión mata a siete personas —mayoritariamente personal de apoyo— para vengarse de la unidad implicada en el Domingo Sangriento.

El domingo después del acontecimiento, la Asociación de

Derechos Civiles de Irlanda del Norte organiza una nueva marcha en otra ciudad de Irlanda del Norte, en la que participan cerca de 100 000 personas. Se trata de la última gran manifestación de la asociación. La NICRA, en efecto, también es víctima de la matanza cometida en Bogside, ya que la violencia atrae cada vez a más miembros y el Domingo Sangriento, para los antiguos partidarios de la lucha pacífica, constituye el símbolo del fracaso de esta estrategia.

Sin embargo, los acontecimientos del 30 de enero no marcan el inicio de la violencia en Irlanda del Norte. El año 1971, en el que 171 personas pierden la vida, a menudo se considera el punto de partida de la espiral de violencia que vive la provincia. Con todo, el año más mortífero que se haya vivido jamás durante el conflicto en Irlanda del Norte es el 1972: de las 3532 personas que murieron entre 1969 y 2001, 480 lo hicieron durante este año.

Durante el conflicto, los civiles son los que pagan el precio más alto. Más de la mitad de las víctimas forman parte del pueblo. Los representantes del poder de Londres forman el segundo grupo más afectado, con más de 1000 víctimas. Varios cientos de militantes del IRA también morirán entre 1969 y 2001. Entre todas las víctimas, hay más de 1500 católicos y un poco menos de 1300 protestantes. Más de la mitad de los muertos tenían menos de 30 años.

Aunque las fuerzas de seguridad británicas son las más afectadas, solamente son responsables del 10 % de las víctimas. En cambio, las organizaciones paramilitares republicanas y lealistas son responsables de las cuatro quintas partes de los muertos del conflicto.

EL CONFLICTO CONTINÚA

El Gobierno británico, que asiste al auge de la violencia en Irlanda del Norte y constata el fracaso de la política de internamiento, decide suspender el Parlamento norirlandés e impone el gobierno directo o Direct Rule a la región. Esta medida implica que el Parlamento británico de Londres se encarga directamente de la administración de Irlanda del Norte. Desde el primer mes en que se aplica la medida, se liberan 500 republicanos presos en señal de buena voluntad. En paralelo, se aumentan los efectivos del Ejército de forma considerable. Puesto que el Gobierno británico no formula ninguna propuesta para un futuro estatus de la provincia, el IRA desarrolla un discurso cada vez más antibritánico, convirtiendo a los representantes de la Corona en objetivos «legítimos». En su lucha armada, el IRA recibe cada vez más apoyo por parte de otros grupos revolucionarios o independentistas (como la organización vasca ETA o el Frente Popular para la Liberación de Palestina), así como también de Libia. Por este canal, los católicos irlandeses reciben armamento pesado para enfrentarse al Ejército británico.

El 18 de abril de 1972, se publican los resultados de la primera investigación que concierne a los acontecimientos del 30 de enero. Este informe no culpa en absoluto a los soldados implicados en las matanzas. Según el juez, los paracaidistas reaccionaron conforme a las órdenes recibidas y a sus normas. Aunque se descarta que algunas de las víctimas fueran cómplices de los miembros del IRA en el momento de su muerte, persisten fuertes sospechas vinculadas con el hecho de que otros abrieran fuego o manipularan explosivos durante la tarde o, por lo menos, que prestaran apoyo activo a los miembros del IRA.

El 31 de julio, los británicos lanzan su mayor operación militar desde la crisis de Suez de 1956. Más de 12 000 militares, acompañados de blindados del cuerpo de ingeniería y de transporte de tropas, toman por asalto el Derry libre, acabando con las barricadas instaladas alrededor del barrio. El IRA no opone resistencia, sabiendo que no tiene peso frente a un despliegue de fuerzas de tal envergadura. A pesar de esto, un chico de 15 años y un voluntario del IRA son abatidos durante la operación.

A continuación, varios acontecimientos importantes marcan el resto del conflicto. En julio de 1976, se produce el asesinato del embajador británico en Irlanda. En agosto de 1979, Lord Mountbatten (1900-1979), primo de la reina y antiguo virrey y gobernador general de la India, fallece a causa de la explosión de su barco, orquestada por el Ejército Republicano Irlandés Provisional (PIRA). En octubre de 1984, explota una bomba en un hotel donde se aloja la entonces primera ministra Margaret Thatcher (1925-2013). En 1991, el PIRA bombardea la residencia del primer ministro John Major (nacido en 1943) en pleno corazón de Londres.

El Grand Brighton Hotel, donde se alojaba Margaret Thatcher, tras la explosión de la bomba.

UNA NUEVA COMISIÓN DE INVESTIGACIÓN

En 1998, el primer ministro británico de la época, Tony Blair (nacido en 1953) decide crear una segunda comisión de investigación para arrojar luz sobre los acontecimientos del 30 de enero de 1972. Tras 12 años, varios cientos de declaraciones de testigos y un informe de 5000 páginas, parece que se llega a la verdad. Las conclusiones de los investigadores señalan la culpabilidad de 10 militares, que mataron a civiles desarmados. El propio primer ministro de entonces, David Cameron (nacido en 1966) lo anuncia en persona ante la Cámara de los Comunes el 15 de junio de 2010: «lo ocurrido [fue] "injustificado e injustificable" [y fueron unos] hechos que "nunca debieron haber ocurrido"» (Suárez 2010). Los paracaidistas implicados también son acusados de perjurio, a causa de las mentiras que formulan durante la primera comisión de investigación. No obstante, puesto que los testimonios de la segunda investigación se recopilan bajo anonimato, no se lleva a cabo ningún procedimiento contra los soldados asesinos. Con todo, los familiares de las víctimas serán indemnizados.

La publicación de este informe divide a la población católica de Londonderry. Aunque una parte de esta considera que el informe no llega lo suficientemente lejos y hace un llamamiento a continuar con las manifestaciones, la otra está satisfecha con el hecho de que las víctimas sean consideradas inocentes y cree que, si tiene que haber un procedimiento, tiene que llevarlo a cabo el Gobierno de Londres, y no la población de Derry, que ya ha luchado lo suficiente.

Algunos meses después de la apertura de la investigación, los representantes del Reino Unido, de Irlanda y de los movimientos unionistas y nacionalistas norirlandeses firman el llamado Acuerdo del Viernes Santo. Llamado también Acuerdo de Belfast, el acuerdo de paz para Irlanda del Norte es el primero que aporta una paz duradera a esta región turbulenta. El texto contempla, entre otras cosas, la creación de una asamblea local en Irlanda del Norte y de un consejo de ministros dirigido por un primer ministro norirlandés, el desarme de los grupos paramilitares protestantes y católicos y la renuncia a las reivindicaciones territoriales de la República de Irlanda sobre Irlanda del Norte. Los pueblos de Irlanda y de Irlanda del Norte aprueban el acuerdo en un referéndum, con una gran mayoría a favor de este. A pesar de esta realidad, durante la década posterior todavía se producirá la muerte de cerca de un centenar de personas.

A día de hoy, se puede decir que el conflicto forma parte del pasado. Los políticos británicos —incluida la reina— estrechan la mano a antiguos responsables políticos y militares del Sinn Féin o del IRA. No obstante, todavía subsisten algunos extremistas que continúan derramando sangre o intentando hacerlo, como en marzo de 2009, cuando dos paramilitares republicanos abatieron a dos soldados británicos en Irlanda del Norte, o incluso en mayo de 2015, cuando se produjo la detención de seis personas que planeaban hacer estallar una bomba durante la visita del príncipe Carlos (nacido en 1948) a la República de Irlanda. Todo esto demuestra que la paz instaurada cuelga de un hilo.

EN RESUMEN

1155
Adriano IV concede a Enrique II el derecho de gobernar Irlanda

1541
Irlanda se convierte en un reino gobernado por el rey de Inglaterra

1641
Primera Revolución inglesa

1801
1 en.: **nacimiento del Reino Unido de la Gran Bretaña e Irlanda**

1912
11 oct.: aprobación de la ley Home Rule

1914-1918
Primera Guerra Mundial

1919-1921
Guerra de Independencia irlandesa

1920
Aprobación de una ley en Londres que establece la separación de Irlanda del Norte y del Sur

El Domingo Sangriento en Bogside © 50MINUTOS.es

1921
Irlanda consigue su independencia

1968
5 oct.: **represión policial de una manifestación de la NICRA**

1969
5 en.: la policía real del Úlster invade el barrio de Bogside
12 ag.: inicio de la batalla de Bogside
14 ag.: intervención del Ejército

1972
30 en.: **matanza de Bogside**

1998
Se lanza una nueva comisión de investigación

2010
15 jun.: **el Gobierno británico pide perdón**

El Domingo Sangriento en Bogside © 50MINUTOS.es

- A principios de los años setenta Irlanda del Norte, que es una provincia británica, experimenta un resurgimiento de la tensión y la violencia entre católicos y protestantes.
- El 30 de enero de 1972, durante una manifestación católica pacífica en Londonderry, el Ejército británico interviene para detener a algunos alborotadores, pero la situación se complica.
- Sin haber sido atacados, los soldados británicos comienzan a disparar contra la población civil católica.

- Los disparos iniciales van seguidos de una matanza en las calles de la ciudad irlandesa.
- Aquel día, 13 personas fallecen bajo el impacto de las balas británicas y, a los pocos meses, otra muere a causa de sus heridas.
- En 2010, se publica el informe de una comisión de investigación, que abruma a los militares.
- El primer ministro británico David Cameron declara entonces que «lo ocurrido [fue] "injustificado e injustificable" [y fueron unos] hechos que "nunca debieron haber ocurrido"» (Suárez 2010). Sin embargo, no se interpone ningún procedimiento.

¡Tu opinión nos interesa!
¡Deja un comentario en la página web de tu librería en línea,
y comparte tus favoritos en las redes sociales!

PARA IR MÁS ALLÁ

FUENTES BIBLIOGRÁFICAS

- Cain Web Service, Conflict and Politics in Northern Ireland. Consultado el 22 de junio de 2017. http://cain.ulst.ac.uk/index.html
- Cordellier, Serge. 2007. *Dictionnaire historique et géopolitique du 20ᵉ siècle*. París: La Découverte.
- Falligot, Roger. 1977. *La résistance irlandaise 1916-1976*. París: Maspero.
- Guiffan, Jean. 1989. *La question d'Irlande*. Bruselas: Complexe.
- Judt, Tony. 2010. *Après-Guerre: une histoire de l'Europe depuis 1945*. París: Hachette.
- Lainé, Marine. 2015. *L'armée britannique en Irlande du Nord (1969-2007)*. París: Ministerio de Defensa.
- Lebecq, Stéphane, Fabrice Bensimon, Frédérique Lachaud y François-Joseph Ruggiu. 2007. *Histoire des îles Britanniques*. París: Presses universitaires de France.
- Saville, Mark. 2010. *Report of the Bloody Sunday Inquiry*. Belfast: The Stationery Office.
- Suárez, Eduardo. 2010. "Cameron: el Domingo Sangriento, 'injustificado e injustificable'". *El Mundo*. 16 de junio. Consultado el 22 de junio de 2017. http://www.elmundo.es/elmundo/2010/06/15/internacional/1276613492.html

FUENTES ICONOGRÁFICAS

- El Irish Citizen Army delante del Liberty Hall en Dublín. La imagen reproducida está libre de derechos.
- Barricada levantada por sublevados durante la insurrección de Pascua, en 1916. La imagen reproducida está libre de derechos.
- El barrio de Bogside en 1981. La imagen reproducida está libre de derechos.
- Mural que muestra a los civiles irlandeses asesinados durante el Domingo Sangriento. © Kenneth Allen. La imagen reproducida está libre de derechos.
- El Grand Brighton Hotel, donde se alojaba Margaret Thatcher, tras la explosión de la bomba. La imagen reproducida está libre de derechos.

¡APRENDER NUNCA ANTES FUE TAN RÁPIDO!

www.en50minutos.es

© **en50Minutos.es, 2017. Todos los derechos reservados.**

www.en50Minutos.es

ISBN ebook: 9782806293688

ISBN papel: 9782806293695

Depósito legal: D/2017/12603/62

Cubierta: © Primento

Libro realizado por Primento*, el socio digital de los editores*